A MES PARENTS.

À MES AMIS.

Faculté de Droit de Toulouse.

ACTE PUBLIC

POUR LA LICENCE

EN EXÉCUTION DE L'ART. 4 DE LA LOI DU 22 VENTOSE AN XII

SOUTENU

Par M. FURBY (Alcide),

NÉ A NÎMES (GARD.)

JUS ROMANUM.

De Hœredum qualitate et differentiâ.

Tria sunt hæredum genera : hæredes necessarii, sui et necessarii, ex-tranei.

Hæres necessarius est servus à domino institutus. Hoc nomine dictus est quia sive velit sive nolit (omnimodò post mortem testatoris protinùs liber et necessarius fit. Inst.). Nihil refert servus pubes an impubes, vel infans, sanus, insanusve; hæreditas pariter illi defertur ipso jure, etiamsi invito. Ut hæreditatem et libertatem testamento collatam acquirat, necesse est

1850

servus in potestate testatoris fuerit, non solùm tempore facti testamenti , sed etiam mortis momento. Quid inter duo tempora fuerit minimè inspiciendum, satis est quid in priore, quid in posteriore noscere. Servi hæredes necessarii appellabantur, quia inviti hæreditatem adibant; indè concludendum illos jure cogi omnia testatoris expedire nomina. Ideò, illis qui non sunt solvendo mos est servos primo, secundo etiam, ultimo gradu instituere, ut non suo, sed hæredis nomine bona à creditoribus venditentur aut dividantur. Quæ jure civili constituta emendandi temperandique gratiâ, jus prætorianum hæredibus necessariis permisit ut à successione segregarent bona acquisita, domino mortuo, quod appellatur *beneficium separationis*.

Illi sunt hæredes sui et necessarii, qui tempore mortis testatoris in potestate ejus sunt, in primo gradu in familiâ. (Sui appellantur, quia domestici hæredes et vivo quoque patre quodammodo domini existimantur. Inst.) Hæreditatem servant potiusquàm acquirant, propter communia inter natos ex eâdem familiâ commoda. Necessarii appellantur, quia servorum instar hæreditatem repudiare non possunt. Mitius quàm primi habentur, quia ex jure prætoriano, donec hæreditati paternæ non sese immiscuerunt, illis licet abstinere. Quod *abstentionis beneficium* appellatum latius separationis beneficio eò tendit, ut ab omni actione creditorum hæreditatis eos prohibeat, hæredum salvâ qualitate, quâ uti possunt si, omnibus deductis nominibus, aliquid supersit.

Illi sunt hæredes extranei, qui in tempore mortis, sub potestate testatoris non sunt. Hæredibus extraneis accipere aut repudiare hæreditatem delatam licet; indè sæpè voluntarii appellabantur. Ut illi hæreditatem adirent, tria cernenda tempora :

1° Tempus facti testamenti — jus incipit.

2° Tempus mortis testatoris — jus aperitur.

3° Tempus aditionis hæreditatis — jus acquisitum est.

Apti ad hæreditatem unicuique temporum debent esse hæredes. Quâ aptitudine parvi refert illos esse destitutos inter primum tempus dùm recipiant priusquàm decedat testator; sed secundo elapso tempore, sine intermissu usquè ad aditionem apti esse debent, ineunte enim jure, si aptitudinem, id totum quoque perdunt.

Tribus modis fiebat aditio :

1° Cretione , id est declaratione verbis sacramentalibus à testatore prescriptâ. .

2° Aditione propriè dictâ, id est declaratione certâ, scriptâ vel non scriptâ, hæreditatem accipi.

3° Hæredis actis, id est domini.

Hæc regulæ pertinent quoque ad repudiationem quæ sive declaratione certâ , sive actis fieri potest. Jus civile nullam diem instituto præstituebat hæreditatis accipiendæ vel repudiandæ ; quem si judicio persequerentur substituti, creditores vel legatarii, ad optionem cogebatur. Jure prœtoriano sanctum in tali re moram instituto ad deliberandum esse concedendam. Ad nonum mensem à magistratibus, ad annum ab imperatore, hæc mora dif-ferri poterat. Quâ extinctâ, optaturus erat institutus.

Aditione obstringitur hæres ad omnia nomina oneraque hæreditatis ex-pedienda. Illa non revocanda actio, neque delinquenda hæreditas, cui sese immiscuit hæres. Attamen minores quinque et viginti annis in totam resti-tutionem obtinere poterant, si aditione vel immixtione damno afficerentur. Majores autem quinque et viginti annis, nisi rescripto imperatorio rationi-bus exceptis enixo. Divus Gordius posteà militibus tantummodò concessit ut debita ultrà vires hæreditatis solvere non tenerentur. Indè , *beneficium inventorii* instituit Justinianus, ex quo eodem jure utuntur qui inter moras et modis perfectis inventorium bonorum hæreditatis fecerint.

CODE CIVIL.

LIV. III.—TIT. XVIII.
Des priviléges et hypothèques.

1° *Dispositions générales.*

L'art. 2092 nous l'apprend : quiconque est obligé, doit remplir ses engagements, quelle qu'en soit l'origine, contrat, quasi-contrat, délit ou quasi-délit, sur tous ses biens mobiliers et immobiliers, corporels et incorporels, présents et à venir. Voilà donc un gage pour le créancier ; mais ce gage est bien imparfait, puisque ce dernier ne peut élever aucune prétention sur les biens dont a disposé le débiteur. Pour obvier à cette imperfection, nous avons bien le gage réel, l'antichrèse, mais ces droits donnés aux créanciers gênent beaucoup trop le débiteur. Dès lors, il nous faut chercher un moyen conciliateur de la sûreté du créancier et du crédit du débiteur. Ce moyen intermédiaire, c'est le régime hypothécaire. Ajoutons que ce système a un troisième but, qui est de favoriser la libre circulation des biens, et nous aurons ces trois bases constitutives. Nous apercevons dans le régime hypothécaire deux droits principaux qu'il importe de bien définir. Priviléges et hypothèques, tels sont ces droits.

Le privilége (*privata lex*, dérogation au droit commun) est un droit que la qualité de la créance donne à un créancier d'être préféré aux autres créanciers, même hypothécaires (2095).

L'hypothèque est un droit réel sur les immeubles affectés au paiement d'une obligation (2114.)

Afin de bien faire comprendre les caractères de ces droits, rapprochons-les et déterminons leur similitude et leur dissemblance.

Le privilége et l'hypothèque confèrent au créancier :

1° Le droit de préférence ;

2° Le droit de suite.

Mais on remarque entre ces deux genres de sûretés les différences suivantes : le privilége est établi par la loi; il existe indépendamment des conventions particulières, de l'autorité du magistrat. Rien ne peut rendre privilégiée une dette qui ne l'est pas par elle-même ; l'hypothèque peut résulter de la loi, des condamnations judiciaires, du consentement des parties. Pour colloquer les créanciers privilégiés, la date de l'inscription ne fait rien, mais bien la qualité, la cause qui a produit la créance. C'est ce qui a donné naissance à cette maxime : *Privilegium œstimatur ex causâ, non ex tempore*. Dans l'hypothèque, au contraire, les droits se règlent suivant la date de l'inscription : *prior tempore, potior jure*. Le privilége peut exister sur les meubles et les immeubles ; l'hypothèque ne peut frapper que les immeubles. (Voyez plus loin.) Enfin le privilége l'emporte sur l'hypothèque, malgré l'antériorité du titre qui la constitue.

2° *Des biens suceptibles de priviléges et d'hypothèques.*

Les biens meubles et immeubles sont susceptibles de priviléges (2099). Il n'y a d'exception en fait de meubles que pour ceux dits insaisissables par le Code de procédure. Pour les hypothèques, les immeubles seuls en sont susceptibles (2114). Les meubles ne peuvent pas être hypothéqués (2119) pour trois raisons :

1° A cause de la maxime : En fait de meubles, la possession vaut titres.

2° Parce que l'hypothèque gênerait la circulation des meubles.

3° Parce qu'on a le gage.

Tous les immeubles ne sont pas susceptibles de priviléges et d'hypothèques. Voyons d'abord combien il y a de sortes d'immeubles. On en compte trois : Immeuble par nature, par destination, par l'objet auquel ils s'appliquent (*sic*) : usufruit, servitude et actions immobilières, services fonciers. Les deux premiers en sont susceptibles. Pour le dernier, il faut distinguer. Le droit d'usufruit est susceptible de priviléges et d'hypothèques. Mais les autres ne le sont pas : 1° parce que le Code ne les comprend pas ; 2° parce ce que ces droits ne peuvent être expropriés. Le privilége et l'hypothèque ayant pour but l'expropriation, il en résulte la négative.

On s'est demandé si un créancier hypothécaire peut faire grever son droit.

La maxime : *Hypothèque sur hypothèque ne vaut* répond à cette question. Néanmoins pour assurer garantie à un créancier de créancier hypothécaire, on lui permet, lors de la procédure d'ordre d'être colloqué en sous-ordre (778 C. de Pr.) Autre question : Un pacte à long terme donne le droit de conserver la possession, à la condition de payer une rente (*sic*): Emphytéose, droit réel participant du droit d'usufruit. Ce droit est-il susceptible d'hypothèque ? Malgré que le code n'en parle pas, nous croyons qu'il en est susceptible. Evidemment il faut être rigoureux ; mais si ce droit se rapproche plus de la propriété que l'usufruit, *à fortiori* peut-il être hypothéqué ?

3° *Des priviléges.*

Nous l'avons vu plus haut, les priviléges sont réels, c'est-à-dire liés non à la personne, mais à la créance ; aussi les créances privilégiées sont-elles appelées pour le payement, en raison du degré de faveur qu'elles méritent et que la loi leur donne. Ainsi des créances récentes peuvent primer des créances anciennes (2096).

Les créanciers qui sont nominativement placés par la loi dans le même rang, sont payés par concurrence. Vis-à-vis d'eux-mêmes, leurs priviléges se détruisent et n'existent que vis-à-vis des autres créanciers (2097).

Les priviléges peuvent porter sur les meubles, ou sur les immeubles, ou sur les meubles et les immeubles.

3° Section première.
Des priviléges sur les meubles.

Les priviléges sur les meubles sont ou généraux, ou spéciaux sur certains meubles (2100). Cette division est aussi commune aux priviléges sur les immeubles.

§ Ier. — *Des priviléges généraux sur les meubles.*

Les créances privilégiées sur la généralité des meubles sont celles ci-après exprimées, et s'exercent dans l'ordre suivant :

1° Les frais de justice ;

2° Les frais funéraires ;

3° Les frais quelconques de la dernière maladie, concurremment entre ceux à qui ils sont dus;

4° Les salaires des gens de service pour l'année échue, et ce qui est dû de l'année courante.

5° Les fournitures de subsistance faites aux débiteurs et à sa famille ; savoir : pendant les six derniers mois pour les marchands en détail, tels que boulangers, bouchers et autres ; et, pendant la dernière année, pour les maîtres de pension et marchands en gros (2101). Cet article établit un ordre de collocation et de préférence qui doit être ponctuellement observé. Pour les frais de justice, la loi a voulu accorder un droit de préférence à ceux qui ont fait des avances pour la conservation et la liquidation de la chose, puisqu'ils ont agi dans l'intérêt de tous. Les frais funéraires ont été avancés *intuitu pietatis* ; l'équité veut qu'ils soient privilégiés, lorsque toutefois ces frais sont en rapport avec la fortune, le rang et la naissance du défunt. S'ils sont exorbitants, alors même qu'ils auraient été prescrits par testament, le privilége doit être restreint. Le privilége des frais quelconques de la dernière maladie est basé sur des considérations d'humanité. Ces frais comprennent en général toutes les dépenses nécessaires faites durant la maladie dont le défunt est mort, tels que frais de médecin, d'apothicaire, de garde-malade, etc. En cas de maladie chronique, on considère la dernière période. Pour le salaire des gens de service, etc., et par gens de service on entend ceux qui louent leur travail pour que celui qui les paie puisse tirer profit de ce travail, le législateur a considéré que les salaires dûs à ces personnes ont peu d'importance, et qu'ils composent ordinairement tout leur patrimoine. La loi n'étend pas ce privilége à tout ce qui est réclamé ; elle le restreint au salaire de l'année échue et à ce qui est dû sur l'année courante. On calcule l'année échue et l'année courante à partir du jour où le domestique est entré au service du débiteur. Les créances pour les fournitures de subsistances, etc., ont été privilégiées par humanité. On a pensé que des créances ayant pour cause la subsistance de la famille, cause sacrée, ne pouvaient pas être mises au nombre des créances générales.

A ces priviléges généraux, il faut ajouter celui du trésor.

1° Pour le recouvrement des contributions personnelles ou mobilières ; il doit passer avant les autres, néanmoins on décide que les frais de justice viennent avant.

2° Pour le remboursement des frais dont la condamnation est passée au profit du trésor en matière criminelle, correctionnelle ou de police. Ce privilége s'exerce après les autres.

3° Pour les droits des douanes;

4° Pour les contributions indirectes ;

5° Pour les deniers publics sur tous les biens des comptables.

Voici le classement des priviléges généraux par ordre de préférence :

1° Frais de justice dans l'intérêt de tous.

2° Contributions personnelles, mobilières, indirectes.

3° Frais funéraires.

4° Frais de dernière maladie.

5° Salaires des gens de service.

6° Fournitures de subsistances.

7° Privilége du trésor pour cause de poursuites criminelles, pour droits de douane et sur les meubles des comptables.

§ 2. — *Priviléges spéciaux sur certains meubles.*

Examinons quels sont les priviléges spéciaux sur les meubles. L'article 2102 en énumère sept. Nous ne suivrons pas l'ordre du Code ; nous grouperons les priviléges selon les motifs qui leur ont servi de base.

Et d'abord, premier groupe : créanciers auxquels la loi a accordé ce privilége en faveur de la possession.

Exemple : Le débiteur a constitué un gage en faveur d'un créancier. Le gage est donc la garantie de la créance. Si un autre créancier saisit ce gage, le vend, que le prix s'en distribue, il n'y a rien d'étonnant à ce que celui qui a eu l'objet formant gage soit privilégié. Ce premier groupe se compose : 1° des créanciers gagistes. Il y avait ici à craindre une fraude (*sic*) : que le débiteur s'entendît avec un créancier en simulant un gage; mais l'art. 2074, au titre du gage, est venu rendre cette fraude impossible. Ce privilége n'a lieu qu'autant qu'il y a un acte public ou sous seing privé, duement enregistré, contenant déclaration de la somme due, ainsi que l'espèce des choses remises en gage, ou un état annexé de leur qualité, poids et mesure. 2° Et le plus usuel, du bailleur. La loi a jugé convenable d'entourer de faveur le contrat de bail, parce qu'il contribue à la prospérité publique. Ce privilége repose sur l'idée de gage tacite. Dès qu'il y a contrat de bail, il y a privilége. Si on demande donc à quel bailleur ou locateur il appartient, on doit répondre : à tous bailleurs, même à celui qui sous-loue. Pour quelles créances existe-t-il? 1° pour les loyers ou fermages d'immeubles; 2° pour réparations locatives; 3° pour inexécution de telle ou telle convention insérée dans le contrat. Pour quels loyers ou fermages a lieu ce privilége? Pour les loyers échus, pour les loyers à écheoir. Ici, comme dans le cas de gage cité *suprà*, la loi demande un bail authentique ou sous seing-privé à date certaine, car la fraude serait trop facile. *Sic*: Nous avons fait un bail de six ans, le débiteur en fait un de douze de concert avec moi, créancier. S'il n'y avait pas bail à date certaine, le créancier n'aurait privilége que pour une année, à partir de l'expiration de l'année courante; du moins, c'est notre avis. Nous devons néanmoins dire que trois systèmes ont paru, ce qui prouverait que ce n'est pas très clair. S'il y avait bail à date certaine, le privilége existerait pour les loyers à écheoir, mais les créanciers auraient le droit de sous-louer pendant le restant du bail. Sur quels objets a lieu ce privilége? Sur les fruits, les meubles et tout ce qui sert à l'exploitation de la ferme, sur la récolte de l'année. Pour les meubles, il faut distinguer : si le locateur sait que les meubles appartiennent au loca-taire, il a privilége; sinon, non (art. 2102 dans le 4°); si le locataire exerce une profession qui nécessite l'entrée de meubles étrangers, comme celle d'horloger, le locateur n'aura pas de privilége, car il sait très bien que tous les meubles n'appartiennent pas au locataire. Si le propriétaire ignore l'ar-gent, les bijoux que pourrait avoir celui qui loue, il ne peut exercer son privilége. En un mot, et pour que le bailleur puisse exercer son privilége, il faut qu'il ait regardé les objets comme garantie de la location au moment de l'entrée du locataire. Malgré que les meubles n'aient pas de suite, le bailleur a sur eux, et dans quelques cas, certain droit de suite (2102 fin du 1°); 3° des fournitures d'un aubergiste sur les effets du voyageur dans l'auberge. L'aubergiste n'a guère de garanties que sur ces objets. La loi considère les effets du voyageur comme une espèce de gage; 4° des créan-ces résultant d'abus et de prévarication des fonctionnaires publics. Le cau-tionnement est demandé pour faits de charge, c'est-à-dire dans les cas d'abus ou prévarications. Il ne faut pas confondre ce privilége avec celui

2

du bailleur de fonds pour le cautionnement. Ce dernier ne vient qu'en second ordre, et demande les deux conditions suivantes : 1° déclaration par acte authentique que les fonds ont été fournis par le bailleur pour le cautionnement ; 2° que l'acte ait été enregistré.

Voilà notre premier groupe. Passons maintenant au deuxième groupe, qui se compose des priviléges qui reposent sur la faveur due au droit de propriété.

Nous trouvons ici un seul créancier privilégié : c'est le vendeur (art. 2102). Il a privilége sur le prix des effets mobiliers non payés, s'ils sont encore en la possession du débiteur. Lorsque le vendeur a livré sa chose, il a compté sur le paiement. Ces effets non payés sont donc plutôt dans le patrimoine du vendeur que dans celui de l'acheteur. Les autres créanciers ne pourront pas se plaindre du privilége, le vendeur a retenu ce droit. Effets mobiliers s'appliquent à tout objet mobilier corporel ou incorporel (*sic*) : vendeur d'office ministériel. Il importe peu que la vente ait eu lieu à terme ou sans terme, puisque la déconfiture enlève le bénéfice du terme. S'ils sont encore en la possession du débiteur, cela signifie que la maxime : *Pas de suite au fait de meubles*, est applicable à ce cas. Mais que signifie ce mot possession? Cela signifie que dans le cas où le débiteur aurait vendu sans livrer, le créancier aurait privilége. Faut-il en conclure que, dès que le débiteur aura perdu la possession, le privilége cessera? Oh! non. Il ne cesserait pas, par exemple, dans le cas de l'objet prêté. Dans la transformation de l'objet, le privilége cesse. Ce privilége n'est pas le seul droit du vendeur ; il peut encore demander la résolution de la vente, et rentrer en possession de l'objet en cas de non-paiement (1184). Il a encore un droit, le meilleur (2102-4°) : si la vente a été faite sans terme, pourvu que l'objet soit en la possession de l'acheteur, pourvu qu'on se trouve dans la huitaine de la livraison, pourvu que les objets soient dans le même état, il peut exercer la saisie en revendication.

Troisième groupe, composé des créanciers privilégiés sur la considération de celui qui a conservé la chose (2102). Ainsi les frais faits pour la conservation de la chose sont privilégiés. Le voiturier a privilége, parce qu'il a contribué à procurer aux autres créanciers leur gage. Ce privilége existerait-il si le voiturier s'était dessaisi? Il y a controverse, mais nous pensons que oui, d'après l'art. 316 Code de commerce.

Ordre de préférence des priviléges particuliers sur certains meubles. — Pour les priviléges généraux sur les meubles , l'ordre de préférence nous est donné par le Code ; mais pour ceux-ci , il se tait. Suppléons-le.

En première ligne , priviléges basés sur la considération de celui qui a conservé la chose.

En seconde , priviléges basés sur la faveur due à la propriété.

En troisième , priviléges basés sur la faveur due à la possession.

3° Section deuxième.

Des priviléges sur les immeubles.

Les priviléges sur les immeubles sont généraux ou spéciaux.

3° Section 2. —§ 1.

Priviléges généraux sur les immeubles.

Les priviléges généraux sont les mêmes que ceux sur les meubles, et n'existent que parce qu'on ne peut pas se faire payer sur les meubles. (Le projet de loi sur la réforme hypothécaire voudrait retrancher ce privilége.)

3° Section 2.—§ 2.

Priviléges spéciaux sur les immeubles.

Ils sont au nombre de 5 (2105).

1° Le vendeur sur l'immeuble vendu pour le payement du prix. Ce privilége est basé sur ce que l'acte de vente a fait entrer l'immeuble dans le patrimoine du débiteur. Sans la créance, jamais les autres créanciers n'auraient eu ce gage. Le vendeur doit donc passer avant les autres. Il importe peu que la vente soit par acte authentique ou sous seing privé. On entend par prix tout ce à quoi l'acheteur s'est obligé en payement. *Sic* : Je vends une maison à un peintre, à la condition de 10 mille francs et d'un tableau. Si le tableau ne se fait pas, j'ai droit à des dommages et intérêts pour lesquels je serai privilégié comme pour les 10 mille francs. Le privilége existe pour le capital comme pour les intérêts. Les frais du contrat sont à la charge de l'acquéreur : aussi le vendeur n'a-t-il pas privilége s'il a payé ses frais. Il arrive cependant quelquefois que le prix est plus ou moins élevé, selon que le vendeur se charge ou non des frais. Ici le prix total est privilégié. Quel est le prix privilégié? Est-ce celui énoncé dans l'acte ou le prix réel? Si le prix est plus fort que celui énoncé dans l'acte, ce n'est que pour le prix énoncé que le privilége existe. Si le contrat porte que le prix a été payé sans qu'il l'ait été, le privilége ne peut être demandé, malgré toute contre-lettre. Si le prix a été payé en lettres de change qui plus tard ne sont pas payées, et que l'acte de vente contienne acquit, y aura-t-il privilége? Il faut distinguer. Si la quittance est pure et simple, il n'y a pas privilége; si elle est conditionnelle relativement au payement des billets, le privilége existe. La question est néanmoins controversée. Le contrat de dation en payement emporte privilége pour le créancier lorsque la totalité du payement n'est pas effectuée. Dans l'échange, si la soulte n'est pas faite, privilége pour le créancier. S'il y a eu plussieurs ventes successives dont le prix soit dû, en tout ou en partie, le premier vendeur est préféré au second, le second au troisième, et ainsi de suite.

2° Ceux qui ont fourni les deniers pour l'acquisition d'un immeuble, pourvu qu'il soit authentiquement constaté par l'acte d'emprunt que la somme était destinée à cet emploi, et par la quittance du vendeur que ce paiement a été fait des deniers empruntés. Le bailleur de fonds a privilége, car les autres créanciers n'ont eu ce gage que parce que c'est lui, bailleur, qui le leur a fait avoir.

3° Les cohéritiers, sur les immeubles de la succession pour la garantie des partages faits entr'eux, et des soulte ou retour des lots. Lorsqu'un cohéritier a reçu un immeuble qui vaut plus que sa part, il doit une soulte qui emporte privilége pour le cohéritier qui n'a pas eu sa part. Tous les lots sont garants les uns des autres pour sûreté du rétablissement de l'égalité dans le partage. Ce privilége s'étend sur la généralité des immeubles de la succession. Les cohéritiers ne sont pas seuls privilégiés en pareil cas; toutes personnes, en général, qui ont fait entre elles le partage des immeubles qu'elles avaient en commun, jouissent du même droit.

4° Les architectes, entrepreneurs, maçons et autres ouvriers employés pour édifier, reconstruire ou réparer des bâtiments, canaux ou autres ouvrages quelconques, pourvu néanmoins que, par un expert nommé d'office par le tribunal de première instance dans le ressort duquel les bâtiments sont situés, il ait été dressé préalablement un procès-verbal, à l'effet de constater l'état des lieux relativement aux ouvrages que le propriétaire déclarera avoir dessein de faire, et que les ouvrages aient été, dans les six mois au plus de leur perfection, reçus par un expert également nommé d'office. Le montant du privilége ne peut excéder les valeurs constatées par le second procès-verbal, et il se réduit à la plus-value existante à l'époque de l'aliénation de l'immeuble et résultant des travaux qui y ont été faits. Les travaux faits par les architectes, etc., ont augmenté la valeur de l'immeuble. Si les créanciers profitent de cette augmentation, ce n'est que grâce à eux; il est donc juste qu'ils aient privilége. L'historique de l'art. 2103 nous prouve que le privilége n'existe que pour les bâtisses, et non pour les travaux agricoles. Le privilége ne porte pas sur toute la maison, mais sur la plus-value; puisque, le privilége disparaîtrait, si la plus-value disparaissait. Il faut que la plus-value dure jusqu'à l'aliénation. La pratique fait peu d'usage des procès-verbaux consignés dans l'art. 2103.

5° Ceux qui ont prêté les deniers pour payer ou rembourser les ouvriers jouissent du même privilége, pourvu que cet emploi soit authentiquement constaté par l'acte d'emprunt et par la quittance des ouvriers. Nous appliquons ici les raisons déjà données pour le privilége de ceux qui ont prêté les deniers pour l'acquisition d'un immeuble. Il nous reste à déterminer l'ordre de préférence entre les cinq priviléges mentionnés dans l'art. 2103. A l'égard des bailleurs de fonds, pas de difficultés, car ils viennent en lieu et place du vendeur et des ouvriers. Les ouvriers n'ayant privilége que sur le *quantum res preciosior facta est* doivent aussi être mis de côté. Il ne nous reste que le vendeur et le co-partageant. Nous pensons que la priorité doit se régler entre eux par l'antériorité du titre.

3° SECTION 3.

Priviléges qui s'étendent sur les meubles et les immeubles.

Les priviléges sur les meubles et les immeubles sont ceux énoncés en l'art. 2101 (2104).

Les créanciers privilégiés de 2101 ne peuvent être écartés de la distribution du prix des immeubles lorsqu'elle a lieu avant celle du prix du mobilier. On doit les colloquer provisoirement pour le montant de leurs créances, à charge toutefois par eux, de faire liquider, dans un délai déterminé, leurs droits sur les meubles.

L'art. 2105 s'occupe du cas où, à défaut, de mobilier les privilégiés de 2101 viendraient en concurrence avec des créanciers privilégiés sur l'immeuble, et détermine l'ordre de préférence, qui est celui-ci : 1° Frais de justice et créances de 2101; 2° créances de 2103.

CODE DE PROCÉDURE CIVILE.

DE LA VÉRIFICATION D'ÉCRITURES.

La vérification d'écritures est une procédure au moyen de laquelle on recherche si les titres dont on veut se servir ou dont on se sert dans une contestation judiciaire, émanent réellement des particuliers à qui on les attribue.

Les titres sont authentiques ou privés. (Nous n'avons pas ici à parler des premiers, puisqu'ils sont considérés comme vrais jusqu'à ce que le contraire soit prouvé sur l'inscription de faux.)

Des Titres privés.

Les titres sont privés lorsqu'ils ont été passés entre les parties seulement et sans le concours d'un officier public compétent. On appelle aussi titre privé l'acte reçu par un officier public, mais qui est nul par l'incompétence ou l'incapacité de l'officier, ou par un défaut de forme ; il vaut, comme écriture privée, s'il a été signé des parties. (Code civil, 1318.)

Les titres privés non reconnus par la partie ou par la justice ne font pas foi de leur contenu. Celui contre qui on les produit peut, sans doute, prendre la voie de l'inscription de faux, mais il n'y est pas obligé comme s'il s'agissait d'actes authentiques ; pour les écarter , il lui suffit de les dénier ou de les méconnaître. C'est au porteur de ces titres à en prouver la véracité par la voie de la vérification d'écritures.

L'art. 1323 du Code civil trouve ici tout naturellement sa place ; je l'y mets sans commentaire. Celui auquel on oppose un acte sous seing-privé , est obligé d'avouer ou de désavouer formellement son écriture ou sa signature. Ses héritiers ou ayant-cause peuvent se contenter de déclarer qu'ils ne connaissent point l'écriture ou la signature de leur auteur.

Je divise la question que j'ai à traiter en :

RECONNAISSANCE D'ÉCRITURES ET VÉRIFICATION D'ÉCRITURES.

De la reconnaissance d'écritures.

La reconnaissance d'écritures ne va pas plus loin que le oui ou le non du défendeur. S'il reconnaît l'écrit , le tribunal en donne acte au demandeur : s'il dénie ou déclare ne pas connaître , jugement qui ordonne la vérification.

(Jusqu'en 1816 , les juges n'étaient pas obligés d'ordonner la vérification d'une écriture déniée ; ils pouvaient tenir l'écriture pour vérifier, si leur conscience en avait la conviction. Mais la Cour de cassation, dans un arrêt à la date du 10 juillet 1816, a décidé que le juge est tenu d'ordonner d'office la vérification , lors même qu'il n'y aurait pas de conclusions prises à ce sujet.)

De la Vérification d'écritures.

La vérification d'écritures peut avoir lieu dans deux cas :

1° cas précité, *id est* dénégation du défendeur lorsqu'il comparaît en justice pour répondre à une demande en reconnaissance d'écriture ;

2° Lorsque dans une contestation judiciaire une des parties produit une pièce que l'autre dénie ou déclare ne pas connaître.

Je pourrais appeler le premier cas vérification d'écritures principale , car le fond du débat c'est la vérification de l'écrit; et le deuxième, vérification d'écritures incidente , la vérification n'étant pas le fond du procès , mais bien un incident à la question principale qui est la contestation judiciaire.

Utilité de la reconnaissance d'écriture suivie ou non de vérification dite principale.

Il est des cas dans lesquels il est impossible au créancier de demander paiement, et où cependant il est utile pour lui de faire reconnaître et vérifier, si le débiteur dénie, l'écriture sur laquelle il fondera plus tard et ses demandes et ses poursuites. Ex., Paul a contracté envers Louis une dette constatée par acte sous seing-privé, mais dont ce dernier ne peut demander paiement, la créance n'étant pas échue. Louis craint, de la part de Paul, des dénégations de mauvaise foi dans l'avenir. Il a maintenant sous la main des témoins qui ont vu signer l'acte constitutif de la dette. Ces témoins pourraient s'éloigner, mourir. Le moyen de prouver par la preuve testimoniale pourrait lui manquer plus tard. Il a intérêt à conclure actuellement, soit à la reconnaissance volontaire, soit, en cas de dénégation, à la vérification de l'acte privé.

Utilité de la vérification d'écritures dite incidente.

Cette utilité est manifeste. Ex., Louis se prétend créancier de Paul pour une somme de mille francs. Il assigne Paul en paiement de cette somme, et présente à l'appui de sa demande un billet dont ce dernier méconnaît ou dénie la signature. D'après la règle qui régit les actes sous seing-privé, il sera forcé, ou de prouver que la signature du billet appartient bien à celui auquel il l'attribue, ou de ne plus pouvoir demander à l'aide de cette pièce. Donc, utilité.

Procédure de la reconnaissance d'écritures et ses résultats.

Lorsqu'on veut se servir des titres privés, on peut (la loi, on le voit, est purement facultative; de sorte qu'il est permis de faire assigner *de plano* en condamnation, lorsque la créance est exigible) sans permission du juge et sans préliminaire de conciliation, faire assigner à trois jours, outre le délai des distances, pour avoir acte de la reconnaissance ou pour faire tenir l'écrit pour reconnu. (Cod. proc. 193.)

Si le défendeur reconnaît l'écrit, le tribunal en donne acte au demandeur, et tous les frais relatifs à la reconnaissance ou à la vérification, même ceux de l'enregistrement de l'écrit, sont alors à la charge du demandeur. Si le défendeur ne comparaît pas, il est rendu contre lui jugement par défaut qui tient l'écrit pour reconnu. (C. pr. 193 et 194.)

Si, au contraire, le défendeur dénie l'écriture ou la signature à lui attribuée, ou déclare ne pas connaître celle attribuée à un tiers, la vérification *doit* en être ordonnée. (Voy. suprà.) C. pr. 195 et C. civ. 1324.)

Procédure de la vérification d'écritures.

Nous avons vu que la vérification d'écritures pouvait dériver de deux cas. Qu'elle dérive de l'un ou de l'autre de ces cas, la procédure est la même. Inutile dès-lors de distinguer.

Du jugement qui ordonne et des formalités qui précèdent la vérification.

Le jugement qui permet la vérification, ordonne qu'elle sera faite tant par titres que par experts et par témoins (Cod. proc. 195); nomme d'office trois experts, (les parties, si elles sont capables, peuvent s'en référer à un seul), à moins que les parties ne s'accordent pour les nommer; commet un juge devant qui se fera la vérification, et ordonne que la pièce sera déposée au greffe, afin qu'on puisse la vérifier (et que l'on ne puisse pas la changer, ni l'altérer.) Avant le dépôt, l'état de la pièce est constaté; elle-même est signée du demandeur ou de son avoué et du greffier, lequel dresse du tout procès-verbal. (Cod. proc. 196.)

Dans les trois jours du dépôt de la pièce (ou de la signification de l'acte qui constate ce dépôt), le défendeur peut en prendre communication au greffe sans déplacement, car autrement il pourrait altérer l'écrit. Lors de ladite communication, la pièce est paraphée par lui ou par son avoué, ou par son fondé de pouvoirs spécial, et le greffier en dresse procès-verbal. (Cod. pr. 198.)

De la vérification par titres.

Le Code ne prescrit pas de règles à l'égard des titres qui peuvent prouver la vérité de l'écriture. Le juge doit décider, d'après les principes du droit

3

civil en matière de preuves, jusqu'à quel point ceux qu'on produit attei-
gnent ce but. Ces titres sont ceux par lesquels celui qui dénie ou méconn-
nait, ou son auteur, a reconnu directement ou indirectement la pièce con-
tentieuse.

De la vérification par experts.

Cette vérification se fait par comparaison de l'écriture qu'on vérifie avec
d'autres écritures émanées de l'auteur prétendu, et en cas d'insuffisance,
avec un corps d'écriture qu'il fait sous les yeux des experts.

Pour cela, la partie la plus diligente présente une requête au juge-
commissaire pour obtenir une ordonnance qui fixe le jour où les parties
devront comparaître afin de convenir des pièces de comparaison. Cette
ordonnance une fois obtenue, sommation de comparaître est signifiée à
avoué s'il en a été constitué, sinon à domicile, par un huissier commis par
ladite ordonnance. Si le demandeur en vérification ne comparaît pas, la
pièce sera rejetée ; si c'est le défendeur, le tribunal *pourra* tenir la pièce
pour reconnue. Il n'y est pas forcé, car il est des cas où l'intérêt public
exige que la vérification soit faite, malgré que le défendeur ne comparaisse
pas. Dans les deux cas, le jugement est rendu à la prochaine audience, sur
le rapport du juge-commissaire, sans acte à venir plaider (car le procès-
verbal indique le jour du rapport). Ce jugement est susceptible d'opposition
(C. pr. 199), car le renvoi a été ordonné par défaut. Si les deux parties
sont d'accord sur les pièces de comparaison, le commissaire ordonne que
la vérification se fera sur les pièces convenues. S'il s'élève quelque contestation au sujet du choix de ces pièces, le tribunal ne peut admettre que
celles énumérées dans l'art. 200, et qui sont les suivantes :

1° Les signatures apposées aux actes pardevant notaires ;

2° Celles apposées aux actes judiciaires, en présence du juge et du
greffier ;

5° Les pièces écrites et signées par celui dont il s'agit de comparer l'é-
criture, en qualité de juge, greffier, notaire, avoué, huissier, ou comme
faisant, à tout autre titre, fonction de personne publique ;

4° Les écritures et signatures privées reconnues par celui à qui est attribuée la pièce à vérifier ;

5° Si la dénégation ou méconnaissance ne porte que sur une partie de la pièce, le juge *peut* ordonner que le surplus de cette pièce servira de pièce de comparaison.

Lorsque les pièces de comparaison sont entre les mains des dépositaires publics ou autres, le juge-commissaire ordonne qu'aux jour et heure par lui indiqués, les détenteurs desdites pièces les apporteront au lieu où se fera la vérification, à peine, contre les dépositaires publics, d'y être contraints par corps, et les autres par les voies ordinaires, sauf même à prononcer contre ces derniers la contrainte par corps, s'il y échet (C. pr. 201). Ces condamnations doivent être prononcées, non par le commissaire, mais par le tribunal.

. Si les pièces ne peuvent être déplacées, ou si les détenteurs sont trop éloignés, il est laissé à la prudence du tribunal d'ordonner, sur le rapport du commissaire et après avoir entendu le procureur de la République, que la vérification se fera dans le lieu de la demeure des dépositaires, ou dans le lieu le plus proche; ou que, dans un délai déterminé, les pièces seront envoyées au greffe par les voies que le tribunal indique par son jugement (C. pr. 202). Dans ce dernier cas, si le dépositaire est personne publique , il fera préalablement expédition ou copie collationnée des pièces, laquelle sera vérifiée sur la minute ou original par le président du tribunal de son arrondissement, qui en dressera procès-verbal. Ladite expédition ou copie sera mise par le dépositaire au rang de ses minutes, pour en tenir lieu jusqu'au renvoi des pièces, et il pourra en délivrer des grosses ou expéditions en faisant mention du procès-verbal qui aura été dressé. Le dépositaire sera remboursé de ses frais par le demandeur en vérification, sur la taxe qui en sera faite par le juge qui aura dressé le procès-verbal, d'après lequel sera délivré exécutoire (C. pr. 203).

L'art. 204 s'occupe de la manière dont doivent être appelés les experts et les dépositaires. La partie la plus diligente fait sommer par exploit les experts et les dépositaires de se trouver aux lieux, jour et heure indiqués par ordonnance du commissaire rendue sur requête ; les experts, à l'effet de prêter serment et de procéder à la vérification, et les dépositaires à l'effet de représenter les pièces de comparaison. On fait sommation à la partie d'être présente, par acte d'avoué à avoué. Il est dressé du tout procès-verbal ;

copie par extrait de ce procès-verbal et du jugement est donnée aux déposi- taires en ce qui les concerne. Il est laissé à la prudence du juge-commis- saire d'ordonner que les dépositaires seront présents à la vérification pour la garde desdites pièces, et qu'ils les retireront et représenteront à chaque va- cation ; ou d'ordonner qu'elles resteront déposées ès-mains du greffier qui s'en chargera par procès-verbal. Dans ce dernier cas, le dépositaire, s'il est per- sonne publique, peut en faire expédition ou copie, ainsi qu'il est dit par l'art. 203 ci-dessus, et ce, encore que le lieu où se fait la vérification soit hors de l'arrondissement dans lequel le dépositaire a le droit d'instrumenter. (Code de procédure civile, art. 205). A défaut, ou en cas d'insuffisance des pièces de comparaison, le commissaire peut ordonner qu'il sera fait un corps d'é- criture, lequel est dicté par les experts, le demandeur présent ou appelé. (Code de procédure civile, art. 206). Les pièces sont alors communiquées aux experts et les parties se retirent après avoir fait, sur le procès-verbal, telles réquisitions et observations qu'elles jugent convenables. La loi veut que les parties ne puissent pas influencer la vérification par leurs observations ou leurs protestations. (Code de procédure civile, art. 207).

Les experts procèdent ensemble à la vérification, au greffe, devant le greffier ou devant le juge, s'il l'a ainsi ordonné ; s'ils ne peuvent terminer le même jour, ils remettent à jour et heure certains, indiqués par le juge ou par le greffier. Ils doivent dresser un rapport commun et motivé, et ne for- mer qu'un seul avis, à la pluralité des voix. S'il y a des opinions différentes, le rapport doit en contenir les motifs ; car les juges ne sont pas tenus de prononcer suivant l'opinion des experts, sans qu'il soit permis de faire con- naître l'avis particulier des experts. Le rapport est annexé à la minute du procès-verbal du juge-commissaire, sans qu'il soit besoin de l'affirmer ; les pièces sont remises aux dépositaires, qui en déchargent le greffier sur le procès-verbal. La taxe des journées et vacations des experts sera faite sur le procès-verbal, et il en est délivré exécutoire contre le demandeur en vé- rification. (Code de procédure, art. 209 et 210).

De la vérification par témoins.

Cette vérification se fait par une enquête, pour laquelle on suit les règles établies pour les enquêtes par écrit.

On peut entendre comme témoins ceux qui ont vu écrire ou signer l'é-crit en question, ou qui ont connaissance de faits pouvant servir à découvrir la vérité. En procédant à l'audition des témoins, on leur représente les pièces déniées ou méconnues, et ils les paraphent; on en fait mention, ainsi que de leur refus. (Code de procédure, art. 211 et 212).

Résultat de la procédure de la vérification d'écriture.

Si, d'après les titres, le rapport, ou l'enquête, la pièce n'est pas de celui à qui elle est attribuée, elle est rejetée par le tribunal. Si, au contraire, il est prouvé que la pièce est écrite ou signée par celui qui l'a déniée, il est condamné à cent cinquante francs d'amende envers le domaine, outre les dépens et dommages-intérêts de la partie; et il peut être condamné par corps pour le principal. (Code procédure, art. 213).

CODE PÉNAL.

Entre la première pensée d'une mauvaise action et l'accomplissement entier de cette action, vient presque toujours se placer une chaîne plus ou moins longue d'actes extérieurs ou intérieurs, dont l'accomplissement définitif du fait est le dernier anneau. Tous les anneaux de cette chaîne constituent autant d'actes qui représentent des nuances innombrables de moralité. Quelque réelles que soient ces nuances, elles échappent pour la plupart aux prévisions du législateur. Aussi la loi pénale ne pourrait-elle, sans injustice, compter tous les degrés de moralité, établir une gradation de peine en correspondance exacte avec l'aggravation de moralité. Il ne s'ensuit pas néanmoins que dans cette longue série elle ne puisse saisir aucun point d'arrêt. Reconnaissons tout d'abord que la volonté de celui qui fait l'acte est nécessaire, indispensable pour l'existence de la criminalité. Mais, réciproquement, faut-il pour l'existence de cette criminalité le concours de la volonté avec le fait ? Il faut distinguer ici plusieurs points sur chacun desquels nous devons nous arrêter.

1° *De la résolution de commettre un crime ou un délit.*

Il est impossible de saisir et de punir le crime ou le délit, tant qu'il n'existe dans la pensée qu'à l'état de projet. Mais lorsque, bien que rien d'extérieur n'ait encore été fait pour exécuter l'acte, il y a résolution pleine, entière, mais inerte, la loi pourra-t-elle punir ? Non évidemment ; d'abord, parce que tant que la résolution reste concentrée dans la pensée de son auteur, le danger social n'est pas grand. Puis, parce que pour constater la résolution criminelle, on serait obligé de se lancer dans des recherches inquisitoriales qui feraient plus de mal que la peine ne ferait de bien.

2° *Des faits préparatoires des crimes et délits.*

Les actes préparatoires qui viennent après la résolution, avant la tentative, sont-ils punissables ? Non. Une personne falsifie une ordonnance médicale, achète du poison. Voilà bien des actes préparatoires, mais il n'y a pas relation immédiate, nécessaire entre un acte préparatoire et le crime. Qui vous dit que cette personne a acheté du poison pour tuer un homme ? Vous le supposez, je le veux bien. Mais je suppose, moi, qu'elle l'a acheté dans le but de se suicider. Qu'avez-vous à dire ? Rien, car vous n'avez pas le droit de m'imposer votre supposition, pas plus que moi la mienne. La relation entre l'acte préparatoire et le crime serait-elle d'ailleurs assez clairement établie, la loi ne pourrait pas punir, car il manquerait le caractère de précision, toujours nécessaire pour l'application d'une peine criminelle. Autre exemple : Une personne achète un poignard, s'embusque la nuit au détour d'une rue. Voilà de nouveau des actes préparatoires. Les punirez-vous ? Non, parce que cette personne peut reculer à l'instant du crime. La conscience ne peut-elle pas, au dernier moment, faire un effort suprême, et arracher l'arme des mains du coupable ? La crainte de la loi ne peut-elle pas, en présence du crime, arrêter le criminel ? L'énergie nécessaire ne peut-elle pas lui manquer à l'instant même de frapper ? Ces actes sont bien coupables, il est vrai, au point de vue de la morale, mais ils sont en général impunis dans la législation française, soit à cause de la difficulté d'appliquer la peine, soit à raison de la légèreté qu'elle aurait et qui en affaiblirait beaucoup la puis⸱ sance morale. L'art. 89 du Code pénal présente, dans son § 1ᵉʳ, un cas spécial et exceptionnel aux règles ci-dessus posées : « Le complot ayant pour but les crimes mentionnés aux art. 86 et 87, s'il a été suivi d'un acte commis ou commencé pour en préparer l'exécution, sera puni de la déportation, etc.»

3° *De la tentative du crime.*

Le Code pénal, art. 2, dit, en parlant de ce point intermédiaire entre les faits préparatoires et l'*entière* exécution du crime : « Toute tentative de crime qui aura été manifestée par un commencement d'exécution, si elle n'a été suspendue ou si elle n'a manqué son effet que par des circonstances indépendantes de la volonté de son auteur, est considérée comme le crime même.» Appliquons ce que dit le Code au dernier exemple précité. La personne qui attendait sa victime l'a saisie, l'a blessée, quand tout-à-coup des pas se font entendre et forcent l'assassin à prendre la fuite. Le crime n'en est pas arrivé à l'entière exécution, il y a eu commencement d'exécution, interrompue par des circonstances indépendantes de la volonté de son auteur, *id est* tentative. La peine sera celle du crime lui-même, puisque la tentative est considérée comme le crime lui-même. La tentative se compose donc de deux choses : d'abord, commencement d'exécution ; puis, commencement d'exécution interrompue par des circonstances indépendantes de la volonté de son auteur. D'où découle cette conséquence, que si les circonstances qui interrompent l'exécution ont dépendu du coupable , par l'effet d'un changement de volonté, il ne pourra être poursuivi comme assassin , mais pour coups et blessures (310 Code pénal).

4° *Du crime ou du délit manqué.*

A côté de la tentative se trouve un fait qui lui est assimilé par la loi. Comme une différence morale assez sensible sépare la tentative du crime manqué (c'est le fait dont je veux parler), il importe de les bien distinguer. Un exemple nous fournira la distinction : l'assassin ne s'est éloigné que lorsqu'il croyait sa victime morte, et pourtant elle ne l'était pas. Il y a ici quelque chose de plus qu'un commencement d'exécution, il y a exécution parfaite. Les résultats seuls ont manqué leur effet. Il y a la tentative, plus l'achèvement, plus l'impossibilité de se repentir, de s'arrêter à temps. Le crime manqué est et doit être puni comme le crime lui-même, car il montre la volonté fermement arrêtée de perpétrer un crime.

Le Code pénal renferme quelques exceptions à la règle que les tentatives de crimes, et les crimes manqués sont punissables comme le crime lui-même. La plus remarquable est celle de l'art. 317 relatif à l'avortement. Voici sa substance : Ceux qui auront procuré l'avortement d'une femme enceinte, la femme elle-même qui se sera procuré l'avortement ou qui aura consenti à faire usage des moyens à elle indiqués ou administrés à cet effet, seront punis de la réclusion, *si l'avortement s'en est suivi*. Les médecins, pharmaciens qui auront indiqué ces moyens seront punis de la peine des travaux forcés à temps, *dans le cas où l'avortement aurait eu lieu*. Cette exception est basée sur l'incertitude et la difficulté de la preuve dans le cas où la tentative ne réussirait pas. Néanmoins, la Cour de cassation a décidé, en fondant son arrêt sur le principe de la tentative de l'art. 2, que la tentative serait punie comme le crime lui-même. La doctrine presque unanime sur ce point est d'un avis contraire. L'art. 365 relatif à la subornation des témoins renferme aussi une exception à l'art. 2. Il en est de même de l'art. 179.

Le délit manqué est assimilé par la loi à la tentative du délit dont nous allons parler.

5° *De la tentative du délit.*

L'art. 3 du code pénal nous dit que les tentatives de délits ne sont considérées comme délits que dans les cas déterminés par une disposition spéciale de la loi. Cette différence entre la tentative du crime et la tentative du délit doit surprendre. Quand l'empereur demanda le pourquoi de la distinction alors qu'on lui présentait le projet du code pénal, on lui répondit qu'il était trop difficile de distinguer nettement ce qui constituait la tentative, et que, de plus, l'intérêt de la société était moins grand dans la répression des délits que dans celle des crimes. La tentative d'un délit n'est donc punissable que dans le cas même où la loi l'incrimine.

Les art. 179, 241, 245, 388, 400, 401, 405, 414 et 415 du code pénal sont les seuls qui contiennent des dispositions particulières sur les tentatives de délits.

En résumé, la résolution de commettre un crime ou un délit est impunie.

Les faits préparatoires des crimes ou des délits sont impunis.

La tentative de crime, le crime manqué sont assimilés au crime.

La tentative de délit et le délit manqué, assimilés à la tentative de délit, ne sont punis que dans les cas déterminés par une disposition spéciale de la loi.

Vu par le Président de la Thèse,

G<small>USTAVE</small> BRESSOLLES.

Toulouse, Typ. de V^e C<small>ORNE</small>, r. Pont-de-Tounis, 4.